글 하늘땅
그림책을 기획하고 만드는 일을 하고 있습니다.
그동안 만든 책으로는 〈자연이랑〉, 〈심쿵〉, 〈우리아람이〉,
〈과학특공대〉, 〈지식특공대〉 등이 있습니다.
하늘땅은 아이들에게 평생 기억될 수 있는 그림책을 만들기 위해 노력하고 있습니다.

그림 오승민
대학에서 동양화를 공부했습니다. 감정이 살아 있는 그림으로 어린이의 마음에 다가갈 수 있는 화가가 되려고 합니다.
〈꼭꼭 숨어라〉로 2004년 국제 노마콩쿠르에서 가작을 수상했고, 2007년 BIB 비엔날레에 〈못생긴 아기 오리〉가 전시되었습니다.
〈아깨비의 노래〉로 2009년 볼로냐 한국관 일러스트레이터에 선정되기도 했습니다.
그린 책으로는 〈우렁이 각시〉, 〈또 하나의 나〉, 〈세상에서 가장 멋진 돼지〉, 〈며느리 방귀 복 방귀〉 등이 있습니다.

감수 신항균
성균관대학교 대학원 수학과를 졸업했습니다.
공군사관학교와 우석대학교 교수를 역임했고,
미국 애리조나 주립대학교 수학과 교환교수로도 활동한 바 있습니다.
지금은 서울교육대학교 수학교육과 교수로 재직 중이며,
동 대학교 초등수학교육연구소장으로 있습니다.
또한 서울교육대학교 영재교육원 운영위원으로도 활동하고 있습니다.
초등학교와 중학교, 고등학교에 이르기까지 수학교과서 집필책임교수로 활동했고,
저서로는 〈수학사와 수학이야기〉, 〈클릭 수학나라〉, 〈영재들의 1등급 수학교실 시리즈〉가 있습니다.

2단계 여러 번 분류 26
말랑말랑 딱딱 가게

글 **하늘땅** 그림 **오승민** 감수 **신항균**
펴낸곳 **(주)아람키즈** | 펴낸이 **이소영** | 주소 **서울특별시 성동구 성수이로 147 아이에스비즈타워 2F**
고객센터 **1644-4521** | 팩스 **02-468-5548** | 홈페이지 **www.aramkids.co.kr** | 출판등록 **제2020-000011호**
기획 편집 디자인 **(주)아람키즈 하늘땅**
ISBN **979-11-6543-567-7 979-11-6543-509-7(세트)**

말랑말랑 딱딱 가게

글 하늘땅 · 그림 오승민 · 감수 신항균

아람키즈

얼렁뚱땅 아저씨가 *뒤죽박죽 가게를 열었어요.
물건이 모두 뒤죽박죽!

지우개

깔끔이 아주머니는 가게에 들어오자마자 깜짝 놀랐어요.

"물건이 *엉망진창으로 놓여 있잖아?"

"무슨 물건을 찾으시는데요?"

"내가 찾는 건 네모난 액자예요.
그런데 물건이 너무 뒤죽박죽이라
도무지 찾을 수가 없네요."

"제, 제가 찾아 드릴게요."
하지만 깔끔이 아주머니는 뒤도 안 돌아보고
가게를 나가 버렸어요.

"네모난 액자?
어떻게 해야 금방 찾아낼까?
아하, **모양대로 정리**하면 되겠군."

지우개

얼렁뚱땅 아저씨는 바닥에 물건을 늘어놓고
동그라미는 동그라미끼리, 세모는 세모끼리,
네모는 네모끼리 정리했어요.

동글동글 탱탱볼이 반짝반짝 빛났어요.
같은 모양 친구들을 만나서 신이 났지요.
얼렁뚱땅 아저씨는 **모양대로 척척 가게**로 ***간판**도 바꾸었어요.
나머지 다른 모양의 물건들은 따로 치워 두었지요.

지우개

모양대로
척척 가게

그런데 알록달록 아가씨도 가게에 들어와 깜짝 놀라는 거예요.

“이런, 뒤죽박죽이잖아!”

“무슨 물건을 찾으시는데요?”

“파란 지갑을 찾는데, 도대체 어디 있는 거예요?”

“파란 지갑요?”

"파, 파란 지갑이 어디 있더라?"
얼렁뚱땅 아저씨가 머리만 긁적대자,
알록달록 아가씨도 그냥 가게를 나가 버렸어요.

"이번에는 어떻게 찾아내지?
아하, **색깔대로 정리**하면 되겠군."

얼렁뚱땅 아저씨는 치워 두었던 여러 모양의 물건들까지
가져와서 바닥에 잔뜩 늘어놓았어요.

**그리고 빨간색은 빨간색끼리, 파란색은 파란색끼리,
노란색은 노란색끼리 정리를 했어요.**

빨간 탱탱볼은 새로 만난 빨간 친구들이 더 좋았지요.
아까보다 더 반짝반짝 빛났거든요.
얼렁뚱땅 아저씨는 **색깔대로 척척 가게**로
다시 간판을 바꾸었어요.

색깔대로
척척 가게

그런데 말랑말랑 할머니도 가게에 들어와 깜짝 놀라는 거예요.
"우리 손자 줄 탱탱볼은 어디 있나?
이거 원, 복잡해서 찾을 수가 없구먼."

탱탱볼은 할머니 눈에 띄고 싶었어요.
하지만 말랑말랑 할머니는 탱탱볼을 찾지 못하고
금세 돌아가 버렸지요.

지우개

얼렁뚱땅 아저씨는 탱탱볼을 찾을 수 있게
다시 정리하기로 했어요.

물건들을 하나씩 만져 보며
***말랑말랑**한 물건은 말랑말랑한 물건끼리,
딱딱한 물건은 딱딱한 물건끼리 정리를 했어요.

얼렁뚱땅 아저씨는 **말랑말랑 딱딱 가게**로 간판을 또 바꾸었지요.

태탱볼은 새로운 자리가 마음에 들지 않았어요.
말랑말랑 할머니가 알아보지 못할까 봐 걱정스러웠거든요.

바로 그때 말랑말랑 할머니가 가게에 다시 왔어요.
그러고는 말랑말랑한 물건들이 있는 쪽으로 걸어왔어요.

지우개

"오, 이번에는 말랑말랑한 것끼리 잘 모아 놓았군."

할머니는 ***대뜸** 스펀지를 들어 올렸어요.

"이건 아닌데?"

할머니는 안경을 고쳐 쓰며 이것저것 들추어 보았지요.

'할머니, 저 여기 있어요!'

탱탱볼은 볼을 빵빵하게 부풀렸어요.

"아이고, 내가 찾던 탱탱볼이 여기 있었네."

지우개

"말랑말랑한 것끼리 있으니 찾기가 얼마나 쉬워.
얼른 우리 손자 갖다줘야지."

얼렁뚱땅 아저씨는 드디어 물건을 팔았어요.
아저씨의 두 볼도 할머니를 만난 탱탱볼처럼 부풀어 올랐어요.

엄마가 보기

여러 번 분류하기를 알아보아요

여러 번 분류하기는 **한 가지 사물이 가지고 있는 여러 가지 특징**에 대해서 알아보고, 각각의 특징에 따라 **여러 차례 분류**해 보는 활동입니다. 이야기 속에서 얼렁뚱땅 아저씨가 색깔에 따라, 모양에 따라, 말랑말랑하거나 딱딱한 성질에 따라 정리를 했던 것이 바로 여러 번 분류하기라고 할 수 있지요.

얼렁뚱땅 아저씨가 가게의 물건들을 정리할 때마다, 탱탱볼은 동그란 물건 혹은 빨간 물건 혹은 말랑말랑한 물건으로 분류됩니다. 여기서 동그랗기도 하고, 빨갛기도 하고, 말랑말랑하기도 한 것이 바로 탱탱볼이 갖는 여러 가지 특징이지요.
한 사람이 여러 가지 면을 가지고 있듯이 한 사물에도 다양한 특징이 있어서 여러 번 분류할 수 있는 것입니다.
아이들은 탱탱볼이 동그랗고 빨갛다는 것은 쉽게 알지만 말랑말랑하다는 속성은 파악하기 어렵습니다. 아이가 직접 사물을 만져 보면서, 눈에 보이는 것 말고도 사물에는 다양한 속성이 있다는 점을 알 수 있게 도와주세요.

아이가 보기

얼렁뚱땅 아저씨는 어떻게 분류했나요?

얼렁뚱땅 아저씨가 가게의 물건들을 어떻게 정리했는지 다시 한번 살펴볼까요?

처음에는 동그라미, 세모, 네모로 **모양에 따라** 분류했어요.

그다음에는 빨간색, 노란색, 파란색으로 **색깔에 따라** 분류했지요.

아이와 함께 하기

함께 해 보아요

얼렁뚱땅 아저씨는 가게의 물건들을 말랑말랑한 것과 딱딱한 것으로 분류했어요. 그림을 보고 빈칸에 말랑말랑한 물건에는 ○, 딱딱한 물건에는 △ 해 보아요.

부엌에 있는 물건들은 어떻게 분류할 수 있을까요?
엄마와 함께, 부엌에서 쓰는 물건들을 여러 가지 방법으로 분류해 보아요.

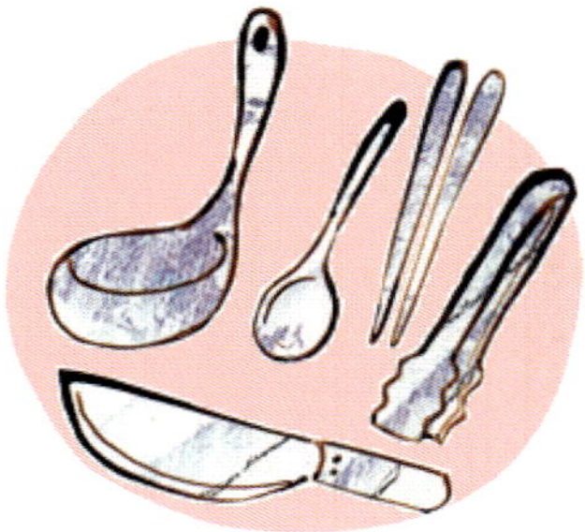
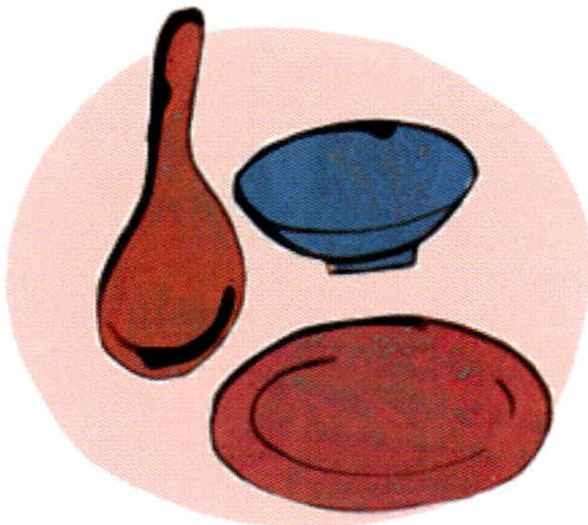
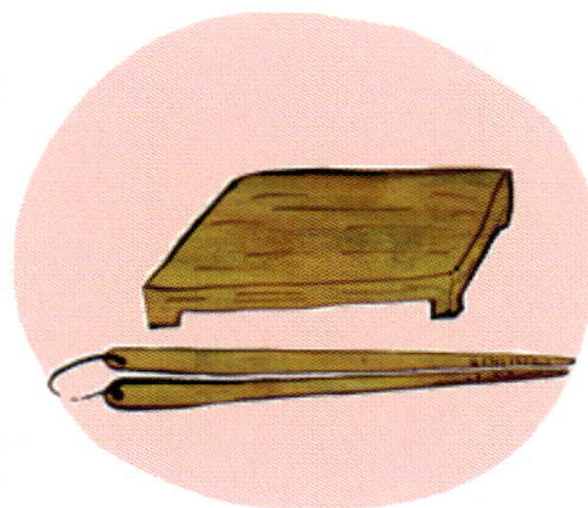

쇠로 만든 것끼리, 플라스틱으로 만든 것끼리, 나무로 만든 것끼리 모았어요.
재료가 무엇이냐에 따라 분류했지요.

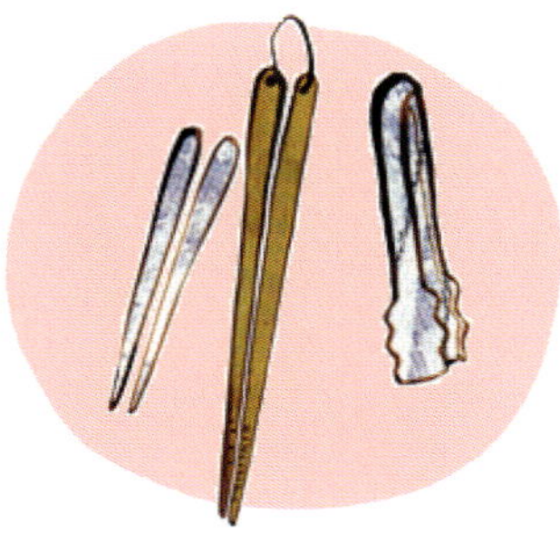
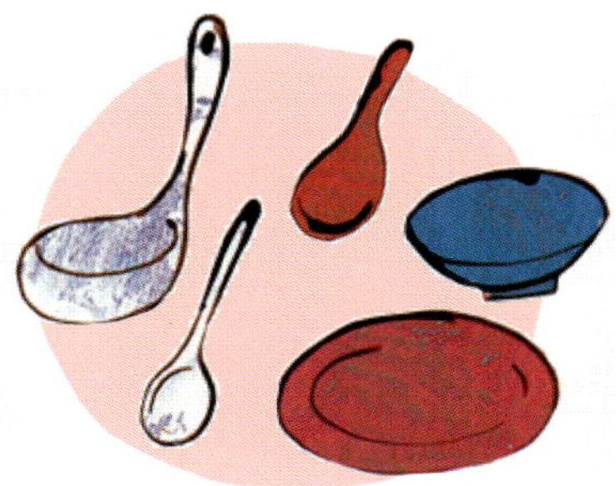

음식을 자를 때 쓰는 것끼리, 음식을 집을 때 쓰는 것끼리, 음식을 뜨거나
담을 때 쓰는 것끼리 모았어요. **무엇을 하는 데 쓰이느냐에 따라** 분류했지요.